ANIMALS
That Make a Difference!

Birds
Les oiseaux

Ashley Lee

Explore other books at:
WWW.ENGAGEBOOKS.COM

VANCOUVER, B.C.

e WWW.ENGAGEBOOKS.COM

Birds: Level 1 Bilingual (English/French) (Anglais/Français)
Animals That Make a Difference!
Lee, Ashley 1995 –
Text © 2021 Engage Books
Edited by: A.R. Roumanis
and Lauren Dick
Translated by: Amanda Yasvinski
Proofread by: Josef Oberwinzer

Text set in Arial Regular.
Chapter headings set in Arial Black.

FIRST EDITION / FIRST PRINTING

LIBRARY AND ARCHIVES CANADA CATALOGUING IN PUBLICATION

Title: Animals That Make a Difference: Birds Level 1 Bilingual (English / French) (Anglais / Français)
Names: Lee, Ashley, author.

ISBN 978-1-77476-408-4 (hardcover)
ISBN 978-1-77476-407-7 (softcover)

Subjects:
LCSH: Birds—Juvenile literature
LCSH: Human-animal relationships—Juvenile literature

Classification: LCC RA644.C68 R682 2020 | DDC J614.5/92—DC23

Contents
Table des matières

What Are Birds?
Que sont les oiseaux ?

Birds are animals with feathers and wings.

Les oiseaux sont des animaux avec des plumes et des ailes.

Most birds can fly.
La plupart des oiseaux peuvent voler.

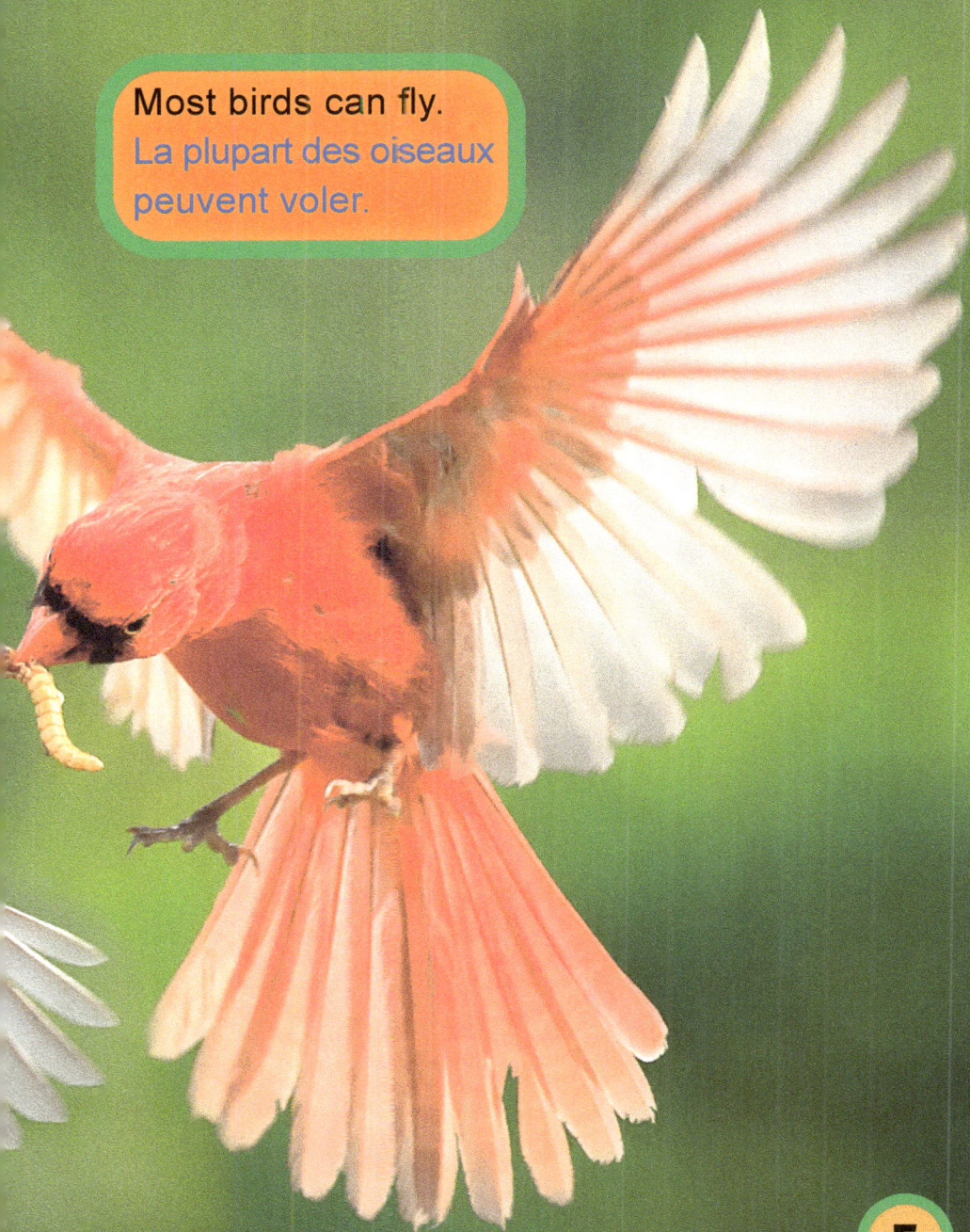

What Do Birds Look Like?
À quoi ressemblent les oiseaux ?

The smallest birds are bee hummingbirds. They are only 2.4 inches (6 centimeters) long. The largest birds are ostriches. They can be up to 9 feet (2.7 meters) tall.
Les plus petits oiseaux sont les colibris abeilles. Ils ne mesurent que 2.4 pouces (6 centimètres) de long. Les plus gros oiseaux sont les autruches. Ils peuvent mesurer jusqu'à 9 pieds (2.7 mètres) de hauteur.

Birds have two wings. They are covered in feathers.
Les oiseaux ont deux ailes. Ils sont couverts de plumes.

Birds have a hard nose and mouth called a beak.

Les oiseaux ont un nez dur et une bouche dure appelée bec.

Birds have sharp nails called claws.

Les oiseaux ont des ongles pointus appelés griffes.

Where Do Birds Live?
Où vivent les oiseaux ?

Birds live all over the world. They sleep in trees, logs, or under bushes. Les oiseaux vivent partout dans le monde. Ils dorment dans les arbres, les bûches ou sous les buissons.

Kiwi birds are only found in New Zealand. Ceylon magpies live in Sri Lanka. Madagascan jacanas live on the coast of Madagascar.
Les oiseaux kiwis ne se trouvent qu'en Nouvelle-Zélande. Les pirolles de Ceylan vivent au Sri Lanka. Les jacanas malgaches vivent sur la côte de Madagascar.

Arctic Ocean
L'océan Arctique

Madagascar
Le Madagascar

Europe
L'Europe

Asia
L'Asie

Sri Lanka
Le Sri Lanka

Africa
L'Afrique

Pacific Ocean
L'océan Pacifique

Atlantic Ocean
L'océan Atlantique

Australia
L'Australie

New Zealand
La Nouvelle-Zélande

2,000 miles
2,000 miles
0
0
4,000 kilometers
4,000 kilomètres
0
0

N

Legend Légende
Land La Terre
Ocean L'Océan

9

What Do Birds Eat?
Que mangent les oiseaux ?

Birds eat many different foods. Some birds eat seeds, fruit, or insects. Les oiseaux mangent de nombreux aliments différents. Certains oiseaux mangent des graines, des fruits ou des insectes.

Larger birds will eat fish or small animals.

Les plus gros oiseaux mangent du poisson ou de petits animaux.

How Do Birds Talk to Each Other?

Comment les oiseaux se parlent entre eux ?

Birds use special calls to find other birds, warn other birds of danger, or scare other animals away.

Les oiseaux utilisent des appels spéciaux pour trouver d'autres oiseaux, avertir d'autres oiseaux du danger ou effrayer d'autres animaux.

Some male birds do special dances to impress female birds.

Certains oiseaux mâles font des danses spéciales pour impressionner les femelles.

13

Bird Life Cycle
Cycle de vie des oiseaux

Most female birds lay eggs in nests.
La plupart des oiseaux femelles pondent des œufs dans les nids.

They sit on their eggs to keep them warm.
Elles s'assoient sur leurs œufs pour les garder au chaud.

14

Most baby birds hatch after 10 to 21 days. They usually leave home after a few weeks.

La plupart des oisillons éclosent après 10 à 21 jours. Ils quittent généralement le nid après quelques semaines.

Some birds live longer than others. Most finches live for 5 to 10 years. The Laysan albatross can live for more than 60 years.

Certains oiseaux vivent plus longtemps que d'autres. La plupart des pinsons vivent de 5 à 10 ans. L'albatros de Laysan peut vivre plus de 60 ans.

Curious Facts About Birds

Some birds fly to areas with warmer weather in the winter. This is called migration.
Certains oiseaux volent vers des régions où le temps est plus chaud en hiver. C'est ce qu'on appelle la migration.

Owls cannot move their eyes. Instead they can turn their heads in almost a complete circle.
Les hiboux ne peuvent pas bouger les yeux. Au lieu de cela, ils peuvent tourner la tête dans un cercle presque complet.

Parrots and ravens can learn to talk.
Les perroquets et les corbeaux peuvent apprendre à parler.

Faits curieux sur les oiseaux

People once used pigeons to carry messages across long distances.
Dans le passé, les gens utilisaient des pigeons pour transporter des messages sur de longues distances.

Birds have hollow bones. They are filled with pockets of air.
Les oiseaux ont des os creux. Ils sont remplis de poches d'air.

Over time, dinosaurs with feathers turned into birds.
Au fil du temps, les dinosaures à plumes se sont transformés en oiseaux.

17

Kinds of Birds
Types d'oiseaux

There are more than 10,000 different kinds of birds. All birds walk on two legs. Chickens are the most common kind of bird.

Tous les oiseaux marchent sur deux pattes. Les poulets sont le type d'oiseau le plus commun. Il existe plus de 10 000 espèces d'oiseaux différents. Tous les oiseaux marchent sur deux pattes. Les poulets sont le type d'oiseau le plus commun.

Quetzal birds are brightly colored. Some quetzals have tails that are longer than their bodies.

Les oiseaux quetzal sont de couleurs vives. Certains quetzals ont des queues plus longues que leur corps.

Penguins cannot fly. They use their wings to help them swim underwater.
Les pingouins ne peuvent pas voler. Ils utilisent leurs ailes pour les aider à nager sous l'eau.

Emus can run up to 30 miles (50 kilometers) per hour.
Les émeus peuvent courir jusqu'à 50 kilomètres par heure.

How Birds Help Earth
Comment les oiseaux aident la Terre

Birds eat many seeds. These seeds come out in their poop. Bird poop helps the seeds grow into new plants. Les oiseaux mangent de nombreuses graines. Ces graines sortent dans leur caca. Le caca d'oiseau aide les graines à devenir de nouvelles plantes.

Some birds help plants make new seeds. They bring pollen from male plants to female plants. The female plants can then make seeds. This is called pollination.

Certains oiseaux aident les plantes à produire de nouvelles graines. Ils apportent le pollen des plantes mâles aux plantes femelles. Les plantes femelles peuvent alors produire des graines. C'est ce qu'on appelle la pollinisation.

21

How Birds Help Other Animals
Comment les oiseaux aident les autres animaux

Some birds eat bugs that harm other animals.

Certains oiseaux mangent des insectes qui nuisent à d'autres animaux.

Oxpeckers sit on the backs of zebras, giraffes, and buffalo. They eat bugs called ticks that eat other animals' blood. Les pique-boeufs aiment s'asseoir sur le dos des zèbres, des girafes et des buffles. Ils mangent des insectes appelés tiques qui mangent le sang d'autres animaux.

How Birds Help Humans
Comment les oiseaux aident les humains

Veery birds will leave an area if a hurricane is on the way. Hurricanes are strong storms that create strong winds and heavy rain.

Les oiseaux grives fauves quitteront une zone si un ouragan est en route. Les ouragans sont de fortes tempêtes qui créent des vents forts et de fortes pluies.

Scientists study veeries so they know when a bad hurricane is going to hit an area.

Les scientifiques étudient les grives fauves pour savoir quand un mauvais ouragan frappera une zone.

Birds in Danger
Oiseaux en danger

Some birds have gone extinct. This means there are no more of them left. Certains oiseaux ont disparu. Cela signifie qu'il n'en reste plus.

The Alagoas foliage-gleaner became extinct in 2018. People destroyed their forests in Brazil. L'Anabate d'Alagoas a disparu en 2018. Les gens ont détruit leurs forêts au Brésil.

Some birds are endangered. This means they may soon go extinct.

Certains oiseaux sont en danger. Cela signifie qu'ils pourraient bientôt disparaître.

The kakapo is also called the owl parrot. They cannot fly and are an easy meal for other hungry animals.

Le kakapo est également appelé le perroquet-hibou. Ils ne peuvent pas voler et constituent un repas facile pour les autres animaux affamés.

How To Help Birds
Comment aider les oiseaux

Many birds get trapped in pieces of garbage. They also try to eat garbage. This can hurt them.

De nombreux oiseaux sont piégés dans des déchets. Ils essaient également de manger des déchets. Cela peut leur faire du mal.

Many people are organizing garbage clean-ups in their neighbourhoods. This can help keep birds safe.

De nombreuses personnes organisent le nettoyage des déchets dans leurs quartiers. Cela peut aider à assurer la sécurité des oiseaux.

Quiz
Quiz

Test your knowledge of birds by answering the following questions. The questions are based on what you have read in this book. The answers are listed on the bottom of the next page.

Testez vos connaissances sur les oiseaux en répondant aux questions suivantes. Les questions sont basées sur ce que vous avez lu dans ce livre. Les réponses sont listées au bas de la page suivante.

1 Where do birds sleep?
Où dorment les oiseaux?

2 What do some male birds do to impress female birds?
Que font certains oiseaux mâles pour impressionner les oiseaux femelles?

3 Why do most female birds sit on their eggs?
Pourquoi la plupart des oiseaux femelles aiment-elles s'asseoir sur leurs œufs?

4 What two birds can learn to talk?
Quels deux oiseaux peuvent apprendre à parler?

5 What is the most common kind of bird?
Quel est le type d'oiseau le plus commun?

6 What do oxpeckers eat?
Que mangent les pique-bœufs?

Explore other books in the Animals That Make a Difference series.

ENGAGING READERS — LEVEL 1 — READING TOGETHER
Bees
ANIMALS That Make a Difference
Jared Siemens

ENGAGING READERS — LEVEL 1 — READING TOGETHER
Bats
ANIMALS That Make a Difference
Ashley Lee

ENGAGING READERS — LEVEL 1 — READING TOGETHER
Birds
ANIMALS That Make a Difference
Ashley Lee

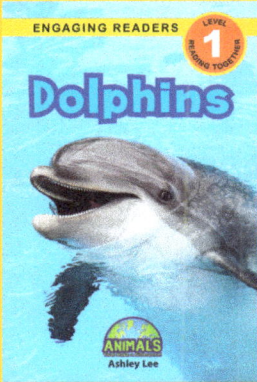

ENGAGING READERS — LEVEL 1 — READING TOGETHER
Dolphins
ANIMALS That Make a Difference
Ashley Lee

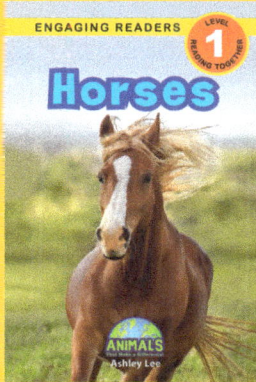

ENGAGING READERS — LEVEL 1 — READING TOGETHER
Horses
ANIMALS That Make a Difference
Ashley Lee

ENGAGING READERS — LEVEL 1 — READING TOGETHER
Ladybugs
ANIMALS That Make a Difference
Ashley Lee

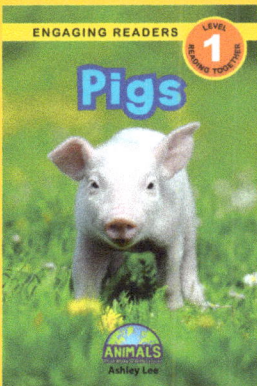

ENGAGING READERS — LEVEL 1 — READING TOGETHER
Pigs
ANIMALS That Make a Difference
Ashley Lee

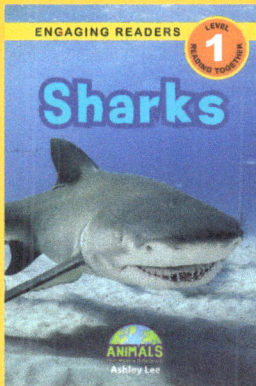

ENGAGING READERS — LEVEL 1 — READING TOGETHER
Sharks
ANIMALS That Make a Difference
Ashley Lee

ENGAGING READERS — LEVEL 1 — READING TOGETHER
Squirrels
ANIMALS That Make a Difference
Ashley Lee

Visit www.engagebooks.com to explore more Engaging Readers.

Réponses:
1. Dans les arbres, les bûches ou les buissons 2. Les danses spéciales
3. Pour les garder au chaud 4. Les perroquets et les corbeaux
5. Les poulets 6. Les tiques

Answers:
1. In trees, logs, or bushes 2. Special dances 3. To keep them warm 4. Parrots and ravens 5. Chickens 6. Ticks

www.ingramcontent.com/pod-product-compliance
Lightning Source LLC
Chambersburg PA
CBHW051235020426
42331CB00016B/3382